El CEO DEL AÑO

Alvaro Silva
EL CEO DEL AÑO

El CEO DEL AÑO

El liderazgo no se trata de ser el mejor.

El liderazgo consiste en hacer que todos los demás sean mejores.

Copyright © 2024 Nombre: Alvaro Silva

Todos los derechos reservados

Tabla de contenido

EL CEO DEL AÑO 3

DEDICATORIA 7
AGRADECIMIENTOS 9
INTRODUCCIÓN 11
PRESENTACIÓN DEL CONCEPTO DE UN CEO DEL AÑO 13
LA IMPORTANCIA DEL LIDERAZGO 15
DEFINIENDO AL CEO 19

CAPÍTULO 1: DEFINIENDO EL ÉXITO 23

DEFINIENDO EL ÉXITO 25
EL CAMINO HACIA EL ÉXITO COMO CEO 27
DIFERENTES MÉTRICAS DE ÉXITO: FINANCIERO, CULTURAL Y SOCIAL 31
EJEMPLOS DE CEOS RECONOCIDOS Y SUS LOGROS 35

CAPÍTULO 2: HABILIDADES CLAVE DE UN CEO 39

HABILIDADES CLAVE DE UN CEO 41
LIDERAZGO Y GESTIÓN DE EQUIPOS 45
ESTRATEGIAS PARA GESTIONAR EQUIPOS EFECTIVAMENTE 47
TOMA DE DECISIONES ESTRATÉGICAS 49

CAPÍTULO 3: INNOVACIÓN Y ADAPTABILIDAD 51

INNOVACIÓN Y ADAPTABILIDAD 53
LA IMPORTANCIA DE LA INNOVACIÓN EN EL LIDERAZGO 57
EMPRESAS QUE SE ADAPTARON CON ÉXITO A LOS CAMBIOS DEL MERCADO
.... 61
CÓMO FOMENTAR UNA CULTURA DE INNOVACIÓN EN LA EMPRESA 63

CAPÍTULO 4: ÉTICA Y RESPONSABILIDAD SOCIAL 65

Ética y Responsabilidad Social 67
El Papel de la Ética en la Toma de Decisiones 69
Responsabilidad Social Corporativa y su Impacto 71
Ejemplos de CEOs que han hecho la diferencia en sus comunidades
.... 73

CAPÍTULO 5: CONSTRUYENDO UN EQUIPO GANADOR 75

Construyendo un Equipo Ganador 77
Estrategias para Reclutar y Retener Talento 79
La Importancia de la Diversidad en el Equipo 81
Cómo Motivar y Desarrollar a los Empleados 83

CAPÍTULO 6: ESTRATEGIAS DE CRECIMIENTO 85

Estrategias de Crecimiento 87
Análisis de Mercado y Oportunidades 93
Casos de Éxito de Empresas que Han Crecido Exponencialmente 95

CAPÍTULO 7: EL FUTURO DEL LIDERAZGO 97

El Futuro del Liderazgo 99
Tendencias Emergentes en el Liderazgo Empresarial 103
El Impacto de la Tecnología en la Gestión 105
Preparándose para los Desafíos del Futuro 107
Conclusión del Libro "CEO del Año" 109
Llamado a la Acción para los Futuros Líderes 115
Datos del autor 117

DEDICATORIA

A todos los soñadores y líderes que se atreven a marcar la diferencia. Este libro es para aquellos que creen en el poder de la perseverancia, la innovación y la pasión. Que cada página inspire a seguir adelante, a enfrentar los desafíos con valentía y a nunca dejar de soñar en grande. Gracias por ser parte de este viaje. ¡El futuro es brillante y está en nuestras manos!

Alvaro Silva

Alvaro Silva
EL CEO DEL AÑO

Agradecimientos

Quiero expresar mi más sincero agradecimiento a todos aquellos que han sido parte de este viaje en la creación de " El CEO del Año".

A mi familia y amigos, gracias por su apoyo incondicional y por creer en mí incluso en los momentos más desafiantes.

A mis lectores, su interés y entusiasmo son la verdadera motivación detrás de cada página. Espero que este libro les inspire y les brinde herramientas valiosas para su desarrollo personal y profesional.

A todos los mentores y colegas que compartieron sus conocimientos y experiencias, su sabiduría ha sido fundamental en este proceso.

Finalmente, a cada uno de ustedes que se atreve a soñar y a trabajar por sus metas, este libro es para ustedes. ¡Sigamos creciendo juntos!

Con gratitud, Álvaro Silva

Alvaro Silva
EL CEO DEL AÑO

Introducción

En un mundo empresarial en constante evolución, donde la innovación y la adaptabilidad son más cruciales que nunca, surge la figura del CEO del Año.

Este libro es un homenaje a aquellos líderes visionarios que no solo han logrado llevar a sus empresas a nuevas alturas, sino que también han dejado una huella indeleble en la sociedad. A través de sus historias, exploraremos las decisiones audaces, los desafíos superados y las lecciones aprendidas que han definido su camino hacia el éxito.

Cada capítulo de "El CEO del Año" está diseñado para inspirar y motivar a emprendedores, ejecutivos y cualquier persona interesada en el mundo de los negocios. Aquí, no solo se celebran los logros financieros, sino también el impacto positivo que estos líderes han tenido en sus comunidades y en el medio ambiente.

En un momento en que la responsabilidad social y la sostenibilidad son más importantes que nunca, estos CEOs han demostrado que es posible equilibrar el éxito empresarial con un compromiso genuino hacia el bienestar colectivo.

A lo largo de estas páginas, descubrirás las estrategias innovadoras que han utilizado, las culturas organizacionales que han fomentado y las visiones que han compartido con sus equipos.

Desde la gestión del talento hasta la implementación de tecnologías disruptivas, cada historia es un testimonio del poder del liderazgo auténtico y la perseverancia.

Te invito a sumergirte en este viaje inspirador, donde cada historia no solo celebra el éxito, sino que también ofrece valiosas lecciones que pueden aplicarse en cualquier ámbito de la vida. Prepárate para conocer a los verdaderos arquitectos del futuro empresarial y descubrir qué se necesita para convertirse en el CEO del Año.

Alvaro Silva
EL CEO DEL AÑO

Presentación del concepto de un CEO del año

En el mundo empresarial, el rol de un CEO (Chief Executive Officer) es fundamental para el éxito y la dirección de una organización. Cada año, se reconoce a aquellos líderes que han demostrado un desempeño excepcional, innovación y un impacto positivo en sus empresas y comunidades.

Este reconocimiento se traduce en el título de "CEO del Año", un galardón que no solo celebra logros individuales, sino que también inspira a otros a seguir su ejemplo.

El concepto de un CEO del Año va más allá de los números y las métricas financieras. Si bien es cierto que el crecimiento de ingresos y la rentabilidad son indicadores importantes, el verdadero valor de un líder se mide por su capacidad para guiar a su equipo, fomentar una cultura organizacional positiva y adaptarse a los cambios del mercado.

Un CEO del Año es aquel que no solo se enfoca en el resultado final, sino que también se preocupa por el bienestar de sus empleados, la sostenibilidad de su empresa y su responsabilidad social.

Un aspecto clave que distingue a un CEO del Año es su visión.

Estos líderes tienen la habilidad de anticipar tendencias y cambios en la industria, lo que les permite posicionar a sus empresas de manera estratégica. Su capacidad para innovar y adoptar nuevas tecnologías es crucial en un entorno empresarial en constante evolución.

Además, un CEO visionario es capaz de comunicar esa visión de manera efectiva, inspirando a su equipo a trabajar hacia objetivos comunes.

La empatía y la inteligencia emocional son otras características esenciales de un CEO del Año. En un mundo donde el trabajo remoto y la flexibilidad laboral se han vuelto la norma, los líderes que comprenden y apoyan las necesidades de sus empleados son los que logran construir equipos más comprometidos y productivos.

Un buen CEO escucha a su equipo, valora sus opiniones y crea un ambiente donde todos se sientan valorados y motivados.

La responsabilidad social también juega un papel importante en la definición de un CEO del Año. En la actualidad, las empresas no solo son evaluadas por su desempeño financiero, sino también por su impacto en la sociedad y el medioambiente.

Un CEO que promueve prácticas sostenibles y se involucra en iniciativas comunitarias no solo mejora la imagen de su empresa, sino que también contribuye a un futuro más sostenible.

En conclusión, la presentación del concepto de un CEO del Año resalta la importancia de reconocer a aquellos líderes que no solo han demostrado un rendimiento excepcional en sus empresas, sino que también han impactado positivamente en sus comunidades y en el entorno empresarial en general.

Este reconocimiento no solo celebra logros financieros, sino que también valora la innovación, la ética y la responsabilidad social.

Al destacar a estos líderes, se inspira a otros a seguir su ejemplo y a fomentar un liderazgo más consciente y comprometido. ¡Es una gran manera de motivar a todos a alcanzar la excelencia! Si necesitas más información o detalles específicos.

La importancia del liderazgo

En el mundo empresaria el liderazgo es un componente fundamental en el éxito de cualquier organización. En el mundo empresarial, donde la competencia es feroz y las condiciones del mercado cambian constantemente, un buen líder puede marcar la diferencia entré el estancamiento y el crecimiento.

La importancia del liderazgo se manifiesta en diversas áreas, desde la motivación del equipo hasta la toma de decisiones estratégicas.

1. Visión y Dirección:

Un líder efectivo proporciona una visión clara y una dirección estratégica para la empresa. Esta visión no solo establece un camino a seguir, sino que también inspira a los empleados a trabajar hacia un objetivo común.

Cuando los miembros del equipo comprenden la misión y los valores de la organización, se sienten más conectados y comprometidos con su trabajo.

Esto, a su vez, fomenta un ambiente de colaboración y creatividad, donde cada individuo se siente valorado y motivado para contribuir al éxito colectivo.

2. Motivación y Compromiso:

El liderazgo también juega un papel crucial en la motivación de los empleados. Un buen líder sabe cómo reconocer y recompensar el esfuerzo de su equipo, lo que genera un ambiente de trabajo positivo.

La motivación no solo se traduce en un aumento de la productividad, sino que también reduce la rotación de personal.

Cuando los empleados se sienten

valorados y motivados, es más probable que se comprometan a largo plazo con la empresa, lo que resulta en una mayor estabilidad y cohesión en el equipo.

3. Toma de Decisiones:

En el ámbito empresarial, las decisiones deben tomarse de manera rápida y efectiva. Un líder competente es capaz de analizar situaciones complejas, considerar diferentes perspectivas y tomar decisiones informadas que beneficien a la organización. Además, un buen líder fomenta un ambiente donde se valoran las opiniones de los demás, lo que enriquece el proceso de toma de decisiones. Esto no solo mejora la calidad de las decisiones, sino que también empodera a los empleados, haciéndolos sentir parte integral del proceso.

4. Adaptabilidad y Cambio:

El mundo empresarial está en constante evolución, y la capacidad de adaptarse al cambio es esencial para la supervivencia de cualquier organización. Un líder efectivo no solo acepta el cambio, sino que también lo impulsa.

En conclusión, el liderazgo en el mundo empresarial es fundamental para el éxito y la sostenibilidad de cualquier organización. Un buen líder no solo guía a su equipo hacia el logro de objetivos, sino que también inspira, motiva y fomenta un ambiente de trabajo positivo.

La capacidad de un líder para comunicarse efectivamente tomar decisiones estratégicas y adaptarse a los cambios del mercado puede marcar la diferencia entre el estancamiento y el crecimiento.

Además, un liderazgo sólido promueve la innovación y la colaboración, lo que es esencial en un entorno empresarial en constante evolución.

En resumen, el liderazgo no solo impacta en la productividad, sino que también moldea la cultura organizacional y el compromiso de los empleados, lo que a su vez contribuye al éxito a largo plazo de la empresa.

Alvaro Silva
EL CEO DEL AÑO

Definiendo al CEO

El libro "El CEO del Año" se propone explorar el papel crucial que desempeñan los líderes empresariales en el éxito y la sostenibilidad de las organizaciones en un entorno competitivo y en constante cambio. A través de una serie de capítulos se analizarán las características habilidades y estrategias que definen a un CEO excepcional, así como el impacto que su liderazgo tiene en la cultura organizacional, la innovación y el rendimiento financiero.

1: Definiendo al CEO del Año:

En este capítulo, se establecerá una definición clara de lo que significa ser un "CEO del Año". Se discutirán los criterios que se utilizan para seleccionar a estos líderes incluyendo su capacidad para generar resultados, su visión estratégica y su compromiso con la responsabilidad social.

Se presentarán ejemplos de CEOs que han sido reconocidos por sus logros y se explorará cómo sus enfoques únicos han transformado sus empresas.

2: Habilidades Clave de un CEO Excepcional:

Este capítulo se centrará en las habilidades esenciales que debe poseer un CEO para ser considerado excepcional.

Se abordarán aspectos como la comunicación efectiva, la toma de decisiones estratégicas la capacidad de motivar y liderar equipos, y la adaptabilidad ante el cambio. A través de estudios de caso se ilustrará cómo estas habilidades se traducen en resultados tangibles para las organizaciones.

3: La Importancia de la Visión y la Estrategia

Aquí se explorará cómo una visión clara y una estrategia bien definida son fundamentales para el éxito de una empresa. Se discutirá cómo los CEOs del Año son capaces de articular una visión inspiradora que alinea a todos los miembros de la organización hacia un objetivo común.

Además, se analizarán las estrategias que han implementado para navegar en tiempos de incertidumbre y cambio.

4: Fomentando una Cultura Organizacional Positiva:

El liderazgo no solo se trata de resultados financieros; también implica crear un ambiente de trabajo donde los empleados se sientan valorados y motivados. Este capítulo examinará cómo los CEOs exitosos promueven una cultura organizacional positiva fomentando la colaboración la diversidad y la inclusión.

Se presentarán ejemplos de empresas que han prosperado gracias a un liderazgo centrado en las personas.

Un CEO (Chief Executive Officer) es el director ejecutivo de una empresa, la persona con la máxima autoridad dentro de la organización. Su función principal es tomar decisiones estratégicas que guían el rumbo de la compañía hacia sus objetivos a largo plazo.

El CEO es responsable de establecer la visión, misión y cultura empresarial, y de asegurar que todas las áreas de la empresa trabajen de manera coherente para lograr el éxito.

El CEO también es el principal representante de la organización frente a los inversores, empleados, clientes y otras partes interesadas. Su capacidad para liderar, inspirar y tomar decisiones informadas y audaces es clave para el crecimiento y la sostenibilidad.

En resumen, un CEO debe ser un líder estratégico, innovador y visionario, capaz de adaptarse a los cambios del entorno empresarial y mantener a la empresa competitiva.

Alvaro Silva
EL CEO DEL AÑO

Capítulo 1: Definiendo el Éxito

Alvaro Silva
EL CEO DEL AÑO

Definiendo el Éxito

El éxito es un concepto que ha sido objeto de debate y reflexión a lo largo de la historia. Para algunos, se mide en términos de riqueza y poder; para otros, en la satisfacción personal y el bienestar emocional. En este capítulo, exploraremos las diversas facetas del éxito y cómo cada individuo puede definirlo de manera única.

Desde una edad temprana, se nos enseña a asociar el éxito con logros tangibles: buenas calificaciones, ascensos laborales, y la adquisición de bienes materiales. Sin embargo, a medida que crecemos y nos enfrentamos a diferentes experiencias de vida, comenzamos a cuestionar estas nociones. ¿Es realmente exitoso aquel que tiene un gran salario, pero se siente vacío por dentro? ¿O es más exitoso quien, a pesar de tener menos recursos, vive una vida plena y significativa?

Una de las claves para redefinir el éxito es la auto reflexión.

Tomarse el tiempo para entender qué es lo que realmente valoramos en la vida puede ser un primer paso crucial. Para algunos, el éxito puede estar relacionado con la familia y las relaciones personales. Para otros, puede ser la búsqueda del conocimiento la creatividad o el impacto positivo en la comunidad. Al identificar nuestras prioridades podemos comenzar a trazar un camino que se alinee con nuestras verdaderas aspiraciones.

Además, es importante reconocer que el éxito no es un destino, sino un viaje. A menudo, nos fijamos metas a largo plazo y nos obsesionamos con alcanzarlas, olvidando disfrutar del proceso. Cada pequeño logro, cada paso hacia adelante, es una parte valiosa de nuestra historia.

Celebrar estos momentos puede ayudarnos a mantener la motivación y a preciar el camino que estamos recorriendo.

La comparación con los demás es otra trampa común que puede distorsionar nuestra percepción del éxito. En la era de las redes sociales, es fácil caer en la tentación de medir nuestro valor en función de lo que otros parecen haber logrado.

Sin embargo, cada persona tiene su propio conjunto de circunstancias, desafíos y oportunidades. En lugar de compararnos, deberíamos enfocarnos en nuestro propio crecimiento y progreso.

El éxito también puede ser visto como un estado mental.

 Cultivar una mentalidad positiva y resiliente nos permite enfrentar los obstáculos con una actitud constructiva. Aprender de los fracasos y verlos como oportunidades de crecimiento es fundamental para avanzar en nuestro camino hacia el éxito personal.

En conclusión, el éxito es un concepto multifacético que varía de persona a persona.

Para algunos, puede significar alcanzar metas profesionales y obtener reconocimiento mientras que, para otros, puede estar relacionado con la felicidad personal, las relaciones significativas o el bienestar emocional. En última instancia, el éxito se define por la satisfacción y el sentido de logro que cada individuo experimenta en su vida.

Es importante recordar que el camino hacia el éxito es único para cada uno y lo que realmente importa es encontrar un equilibrio que resuene con nuestros valores y aspiraciones. Al final del día, el éxito no solo se mide por lo que logramos, sino también por cómo nos sentimos en el proceso.

El Camino hacia el Éxito como CEO

Ser un CEO exitoso es un concepto que puede variar según la industria, la cultura empresarial y los objetivos personales. Sin embargo, hay ciertos elementos universales que definen a un líder eficaz en la cima de una organización. En este capítulo, exploraremos las características, habilidades y mentalidades que contribuyen al éxito de un CEO.

Visión y Estrategia:

Un CEO exitoso comienza con una visión clara. Esta visión no solo debe ser inspiradora, sino también alcanzable y alineada con los valores de la empresa. La capacidad de articular esta visión y traducirla en una estrategia concreta es fundamental. Esto implica establecer metas a corto y largo plazo, así como identificar los recursos necesarios para alcanzarlas.

Un buen CEO no solo se enfoca en el presente, sino que también anticipa el futuro, adaptándose a las tendencias del mercado y a las necesidades cambiantes de los clientes.

Liderazgo y Cultura Organizacional:

El liderazgo es otra piedra angular del éxito de un CEO.

Un líder efectivo no solo dirige, sino que también inspira y motiva a su equipo.

Fomentar una cultura organizacional positiva es esencial; esto incluye promover la colaboración, la innovación y el respeto mutuo. Un CEO exitoso entiende que su equipo es su mayor activo y se esfuerza por crear un ambiente donde cada miembro se sienta valorado y empoderado. Esto no solo mejora la moral, sino que también impulsa la productividad y la retención del talento.

Toma de Decisiones

La toma de decisiones es una de las responsabilidades más críticas de un CEO.

Un líder exitoso debe ser capaz de analizar información compleja, sopesar riesgos y beneficios, y tomar decisiones informadas que beneficien a la organización.

Esto requiere no solo habilidades analíticas, sino también una buena dosis de intuición y experiencia.

Un CEO debe estar dispuesto a asumir riesgos calculados y aprender de los fracasos, utilizando cada experiencia como una oportunidad de crecimiento.

Comunicación Efectiva:

La comunicación es clave en el rol de un CEO. Un líder exitoso debe ser capaz de comunicarse de manera clara y efectiva con todos los niveles de la organización, así como con los accionistas, clientes y otros interesados.

Esto incluye no solo transmitir información, sino también escuchar activamente y estar abierto a las ideas y preocupaciones de los demás.

La transparencia en la comunicación genera confianza.

En conclusión, el camino hacia el éxito como CEO es un viaje lleno de aprendizaje, adaptabilidad y liderazgo. Implica establecer una visión clara, rodearse de un equipo talentoso y fomentar una cultura de innovación y colaboración.

También es crucial tomar decisiones informadas, ser resiliente ante los desafíos y mantener una comunicación abierta con todos los niveles de la organización.

En resumen, se trata de ser un líder que inspira y guía a su equipo hacia metas comunes, mientras se navega por un entorno empresarial en constante cambio. ¡Cada paso cuenta en este emocionante trayecto!

Alvaro Silva
EL CEO DEL AÑO

Diferentes métricas de éxito: financiero, cultural y social

El éxito puede medirse de diversas maneras, y cada una de estas métricas ofrece una perspectiva única sobre el rendimiento y el impacto de una organización o proyecto. En este capítulo, exploraremos tres dimensiones clave: financiera, cultural y social.

Métricas Financieras:

Las métricas financieras son quizás las más tradicionales y amplia mente reconocidas. Estas incluyen indicadores como el ingreso, la rentabilidad, el retorno sobre la inversión (ROI) y el flujo de caja. Estas métricas son esenciales para evaluar la salud económica de una empresa. Por ejemplo, un aumento en los ingresos puede indicar un crecimiento en la demanda de productos o servicios, mientras que un ROI positivo sugiere que las inversiones realizadas están generando beneficios.

Sin embargo, es importante no centrarse únicamente en las métricas financieras. Aunque son cruciales para la sostenibilidad a corto plazo, pueden no reflejar el verdadero impacto o valor de una organización a largo plazo. Por lo tanto, es fundamental complementarlas con otras métricas que consideren aspectos más amplios.

Métricas Culturales:

Las métricas culturales se centran en el ambiente interno de una organización y su alineación con los valores y la misión. Estas pueden incluir la satisfacción de los empleados, la retención de talento, la diversidad e inclusión, y la cultura organizacional en general.

Por ejemplo, una alta satisfacción laboral puede ser un indicador de un ambiente de trabajo positivo, lo que a su vez puede traducirse en una mayor Productividad y creatividad.

Además, las métricas culturales pueden ayudar a las organizaciones a adaptarse a cambios en el mercado e innovar.

Una cultura que fomente la colaboración y la apertura al cambio puede ser un factor determinante en el éxito a largo plazo. Por lo tanto, medir y gestionar la cultura organizacional es esencial para construir un equipo comprometido y motivado.

Métricas Sociales

Las métricas sociales evalúan el impacto de una organización en la comunidad y en la sociedad en general. Estas pueden incluir indicadores como la responsabilidad social corporativa (RSC), el impacto ambiental, y la contribución al bienestar social.

Por ejemplo, una empresa que invierte en programas comunitarios o que implementa prácticas sostenibles puede ser vista como un líder en responsabilidad social.

En conclusión: las diferentes métricas de éxito financieras, culturales y sociales ofrecen una visión integral del rendimiento y el impacto de una organización.

Las métricas financieras son esenciales para evaluar la viabilidad económica y la sostenibilidad a corto plazo, pero no deben ser la única medida de éxito. Las métricas culturales reflejan la salud interna de la organización, destacando la importancia de un ambiente de trabajo positivo y alineado con los valores de la empresa.

Por último, las métricas sociales subrayan la responsabilidad de las organizaciones hacia la comunidad y el medio ambiente, enfatizando que el éxito también se mide por el impacto positivo que generan en la sociedad.

Al considerar estas tres dimensiones de manera conjunta, las organizaciones pueden no solo alcanzar el éxito financiero, sino también construir una reputación sólida y un legado duradero que beneficie a todos sus grupos de interés.

Alvaro Silva
EL CEO DEL AÑO

Alvaro Silva
EL CEO DEL AÑO

Ejemplos de CEOs Reconocidos y sus Logros

El papel de un CEO es fundamental en el éxito de una organización. A lo largo de la historia, varios líderes han dejado una huella indeleble en sus espectabas industrias, transformando no solo sus empresas, sino también el panorama empresarial en general. En este capítulo, exploraremos algunos ejemplos de CEOs reconocidos y los logros que los han hecho destacar.

Jeff Bezos Amazon:

Jeff b Bezos, fundador y ex-CEO de Amazon, es uno de los nombres más reconocidos en el mundo empresarial. Bajo su liderazgo, Amazon pasó de ser una simple librería en línea a convertirse en el gigante del comercio electrónico que conocemos hoy. Bezos implementó una visión centrada en el cliente, priorizando la experiencia del usuario y la innovación constante.

Uno de sus logros más significativos fue la introducción de Amazon Prime, un servicio de suscripción que revolucionó la forma en que los consumidores compran en línea, ofreciendo envíos rápidos y acceso a contenido exclusivo. Además, Bezos diversificó la empresa al expandirse a áreas como la computación en la nube con Amazon Web Services (AWS), que se ha convertido en un pilar fundamental de los ingresos de la compañía.

Su enfoqué en la innovación y a disrupción ha establecido un nuevo estándar en el comercio minorista y la tecnología.

Satya Nadella Microsoft:

Satya Nadella asumió el cargo de CEO de Microsoft en 2014, en un momento en que la empresa enfrentaba desafíos significativos.

Desde su llegada, Nadella ha transformado la cultura corporativa de Microsoft, promoviendo un enfoque más colaborativo y centrado en la nube. Su liderazgo ha llevado a la compañía a un crecimiento sostenido y a una revitalización de su imagen.

Uno de los logros más destacados de Nadella ha sido la transición de Microsoft hacia la computación en la nube con Azure, que ha crecido exponencialmente y se ha convertido en uno de los principales competidores en el mercado. Además, bajo su dirección, Microsoft ha adquirido empresas clave como LinkedIn y GitHub, ampliando su alcance y capacidades. Nadella ha demostrado que un enfoque en la empatía y la inclusión puede ser un motor poderoso para la innovación y el éxito empresarial.

Los CEOs reconocidos como Jeff Bezos y Satya Nadella han demostrado que el liderazgo efectivo puede transformar no solo a las empresas, sino también a industrias enteras.

Cada uno de estos líderes ha enfrentado desafíos únicos y ha implementado estrategias innovadoras que han llevado a sus organizaciones a nuevas alturas.

Jeff Bezos, a través de su enfoque centrado en el cliente y su visión de largo plazo, convirtió a Amazon en un gigante del comercio electrónico y un líder en tecnología de la nube.

Su capacidad para innovar y adaptarse a las necesidades del mercado ha establecido un nuevo estándar en la experiencia del consumidor.

Satya Nadella, por su parte, revitalizó Microsoft al fomentar una cultura de colaboración y centrarse en la computación en la nube. Su liderazgo ha permitido a la empresa no solo recuperar su relevancia, sino también expandir su influencia en áreas emergentes como la inteligencia artificial y la sostenibilidad.

En resumen: estos CEOs no solo han logrado resultados financieros impresionantes, sino que también han dejado un legado de innovación, adaptabilidad y responsabilidad social. Sus historias son un testimonio del impacto que un liderazgo visionario puede tener en el mundo empresarial y en la sociedad en general.

Al aprender de sus logros y enfoques, futuros líderes pueden inspirarse para crear un impacto positivo en sus propias organizaciones y comunidades.

Alvaro Silva
EL CEO DEL AÑO

Capítulo 2: Habilidades Clave de un CEO

Habilidades Clave de un CEO

El rol de un CEO es multifacético y exige una combinación única de habilidades y competencias. Un CEO no solo es el líder de una organización, sino que también es el responsable de establecer la visión, la estrategia y la cultura de la empresa. A continuación, exploraremos algunas de las habilidades clave que son esenciales para el éxito de un CEO en el entorno empresarial actual.

Visión Estratégica:

Una de las habilidades más importantes de un CEO es la capacidad de desarrollar y comunicar una visión estratégica clara.

Esto implica no solo entender el estado actual de la empresa y del mercado, sino también anticipar tendencias futuras y oportunidades. Un CEO debe ser capaz de articular una dirección que inspire a los empleados y a los stakeholders, alineando a todos hacia un objetivo común.

La visión estratégica también incluye la capacidad de tomar decisiones informadas que guíen a la empresa hacia el crecimiento y la sostenibilidad.

Liderazgo y Gestión de Equipos:

El liderazgo efectivo es fundamental para un CEO.

Esto no solo implica dirigir a los empleados, sino también motivarlos, inspirarlos y fomentar un ambiente de trabajo positivo.

Un buen CEO debe ser capaz de construir y gestionar equipos diversos, reconociendo y aprovechando las fortalezas individuales de cada miembro.

La empatía y la inteligencia emocional son cruciales en este aspecto, ya que un CEO debe ser capaz de entender las necesidades y preocupaciones de su equipo, promoviendo una cultura de colaboración y respeto.

Toma de Decisiones

La toma de decisiones es una habilidad crítica para cualquier CEO.

En un entorno empresarial dinámico, los líderes deben ser capaces de evaluar rápidamente la información, considerar diferentes perspectivas y tomar decisiones que impacten a la organización. Esto requiere no solo habilidades analíticas, sino también la capacidad de asumir riesgos calculados.

Un CEO debe estar dispuesto a tomar decisiones difíciles y, a veces, impopulares, siempre con el objetivo de beneficiar a la empresa a largo plazo.

Comunicación Efectiva

La comunicación es una habilidad esencial para un CEO.

Un líder debe ser capaz de transmitir su visión y estrategia de manera clara y convincente a todos los niveles de la organización, así como a los inversores, clientes y otros stakeholders.

Esto incluye no solo la comunicación verbal, sino también la escrita y no verbal. Un CEO efectivo debe ser un buen oyente.

En resumen: un CEO exitoso combina una serie de habilidades clave que le permiten liderar de manera efectiva. La visión estratégica, el liderazgo, la toma de decisiones y la comunicación son pilares fundamentales que no solo contribuyen al éxito de la empresa, sino que también crean un impacto positivo en la cultura organizacional y en la comunidad en general. Al desarrollar y perfeccionar estas habilidades, los CEOs pueden enfrentar los desafíos del futuro y guiar a sus organizaciones hacia un crecimiento sostenible y significativo.

Alvaro Silva
EL CEO DEL AÑO

: Alvaro Silva
EL CEO DEL AÑO

Liderazgo y Gestión de Equipos

El liderazgo y la gestión de equipos son componentes esenciales para el éxito de cualquier organización. Un CEO o líder efectivo no solo debe ser capaz de establecer una visión y una estrategia, sino que también debe saber cómo inspirar, motivar y guiar a su equipo hacia el logro de esos objetivos. En este capítulo, exploraremos las características de un buen líder, las estrategias para gestionar equipos de manera efectiva y la importancia de la cultura organizacional en el proceso.

Características de un Buen Líder

Un buen líder posee una serie de características que lo distinguen. La empatía es una de las más importantes; un líder empático es capaz de entender y conectar con las emociones y necesidades de su equipo. Esto no solo ayuda a construir relaciones sólidas, sino que también fomenta un ambiente de trabajo donde los empleados se sienten valorados y escuchados.

Otra característica clases la integridad.

Un líder debe ser honesto y transparente en sus acciones y decisiones.

La confianza es fundamental en cualquier equipo, y un líder que actúa con integridad inspira a su equipo a hacer lo mismo.

La resiliencia también es crucial; los líderes enfrentan desafíos y contratiempos, y su capacidad para recuperarse y adaptarse a las circunstancias puede influir en la moral y la motivación del equipo.

Además, un buen líder debe ser un pensador estratégico.

Esto implica no solo tener una visión clara del futuro, sino también la capacidad de planificar y ejecutar estrategias que lleven a la organización hacia esa visión. La comunicación efectiva es otra habilidad esencial un líder debe ser capaz de transmitir su visión y expectativas de manera clara y motivadora.

Estrategias para Gestionar Equipos Efectivamente

La gestión de equipos implica una serie de estrategias que pueden ayudar a maximizar el rendimiento y la satisfacción de los empleados. Una de las estrategias más efectivas es la delegación.

Un líder debe confiar en su equipo y delegar responsabilidades de manera adecuada.

Esto no solo empodera a los empleados, sino que también les permite desarrollar nuevas habilidades y asumir un mayor sentido de propiedad sobre su trabajo.

Liderar y gestionar equipos implica:

1. Comunicación clara: Mantén a tu equipo informado y alineado con los objetivos.

2. Empatía y apoyo: Escucha y entiende las necesidades de cada miembro.

3. Delegación efectiva: Confía en las habilidades de tu equipo y asigna tareas adecuadamente.

4. Desarrollo y motivación: Invierte en el crecimiento y bienestar de tu equipo.

5. Feedback constante: Ofrece retroalimentación constructiva y reconocimientos.

En resumen, se trata de inspirar, guiar y apoyar a tu equipo para alcanzar objetivos comunes

Alvaro Silva
EL CEO DEL AÑO

Toma de Decisiones Estratégicas

La toma de decisiones estratégicas es un proceso crítico en el ámbito empresarial que puede determinar el rumbo y el éxito de una organización.

En un entorno empresarial dinámico y competitivo, los líderes deben ser capaces de evaluar información, considerar diversas perspectivas y tomar decisiones que no solo resuelvan problemas inmediatos, sino que también alineen a la organización con su visión a largo plazo.

Este capítulo explorará la importancia de la toma de decisiones estratégicas, los diferentes tipos de decisiones que pueden surgir, el proceso de toma de decisiones y las herramientas y técnicas que pueden ayudar a los líderes en este proceso.

Importancia de la Toma de Decisiones Estratégicas

La toma de decisiones estratégicas es fundamental porque impacta en todos los aspectos de una organización, desde la asignación de recursos hasta la dirección del crecimiento y la innovación.

Las decisiones estratégicas pueden influir en la cultura organizacional, la satisfacción del cliente y la posición competitiva en el mercado.

Un líder que toma decisiones informadas y bien fundamentadas puede guiar a su equipo hacia el éxito, mientras que decisiones mal consideradas pueden llevar a la organización a enfrentar desafíos significativos.

Además, en un mundo donde la información es abundante y las condiciones del mercado cambian rápidamente, la capacidad de tomar decisiones estratégicas se convierte en una ventaja competitiva.

Las organizaciones que pueden adaptarse y responder rápidamente a las oportunidades y amenazas del entorno son más propensas a prosperar.

Tipos de Decisiones Estratégicas

Las decisiones estratégicas pueden clasificarse en varias categorías, cada una con sus propias características y desafíos:

1- Decisiones de inversión: Estas decisiones implican la asignación de recursos financieros a proyectos o iniciativas que se espera generen un retorno a largo plazo. Por ejemplo, decidir si invertir en una nueva línea de productos o en la expansión a un nuevo mercado.

2- Decisiones de crecimiento: Estas decisiones se centran en cómo la organización puede crecer y expandirse. Pueden incluir fusiones y adquisiciones, alianzas estratégicas o la entrada en nuevos mercados.

3- Decisiones de reestructuración: A veces, las organizaciones deben tomar decisiones difíciles sobre cómo reestructurarse para mejorar la eficiencia y la rentabilidad. Esto puede incluir la reducción de personal, la reorganización de equipos o la venta de activos no estratégicos.

En resumen, La toma de decisiones estratégicas es fundamental para el éxito de cualquier organización. Se basa en evaluar cuidadosamente las oportunidades y amenazas del entorno, así como en reconocer las fortalezas y debilidades internas. Las decisiones estratégicas son a largo plazo y pueden moldear el futuro de la empresa. Una buena toma de decisiones estratégicas requiere un equilibrio entre el análisis riguroso y la intuición. Implica una evaluación continua y ajustes cuando sea necesario. Al final del día, la clave está en hacer elecciones que alineen la empresa con su visión y objetivos a largo plazo, siempre teniendo en cuenta el contexto cambiante y dinámico del mercado.

Capítulo 3: Innovación y Adaptabilidad

Alvaro Silva
EL CEO DEL AÑO

Innovación y Adaptabilidad

En un mundo empresarial en constante cambio, la innovación y la adaptabilidad se han convertido en factores críticos para el éxito y la sostenibilidad de las organizaciones. La capacidad de innovar no solo se refiere a la creación de nuevos productos o servicios, sino también a la mejora continua de procesos, la adopción de nuevas tecnologías y la respuesta efectiva a las necesidades cambiantes del mercado. Por otro lado, la adaptabilidad es la habilidad de ajustarse a nuevas condiciones y desafíos, lo que permite a las organizaciones sobrevivir y prosperar en un entorno competitivo. Este capítulo explorará la interrelación entre innovación y adaptabilidad, su importancia en el contexto empresarial actual y las estrategias que las organizaciones pueden implementar para fomentar ambas.

La Importancia de la Innovación:

La innovación es un motor clave del crecimiento y la competitividad. En un mercado saturado, las empresas que no innovan corren el riesgo de volverse obsoletas. La innovación puede manifestarse de diversas formas, incluyendo:

Desarrollo de Nuevos Productos:

La creación de productos que satisfacen nuevas necesidades o que mejoran significativamente los existentes puede abrir nuevas oportunidades de mercado. Por ejemplo, la industria tecnológica ha visto un auge en la innovación con el desarrollo de dispositivos inteligentes que integran múltiples funciones.

Mejora de Procesos:

La innovación no se limita a los productos; también puede aplicarse a los procesos internos. La implementación de metodologías ágiles, por ejemplo, permite a las empresas responder más rápidamente a los cambios en el mercado y mejorar la eficiencia operativa.

Modelos de Negocio:

La innovación en los modelos de negocio puede transformar la forma en que una empresa opera. Un ejemplo de esto es el surgimiento de plataformas digitales que conectan a proveedores y consumidores de manera más eficiente, como lo han hecho empresas como Uber y Airbnb.

La Necesidad de la Adaptabilidad En el entorno empresarial actual, la adaptabilidad se ha convertido en una necesidad crítica para la supervivencia y el éxito de las organizaciones.

La velocidad del cambio, impulsada por la tecnología, la globalización y las expectativas cambiantes de los consumidores, exige que las empresas sean flexibles y capaces de ajustarse a nuevas realidades. A continuación, se exploran las razones por las cuales la adaptabilidad es esencial en el contexto empresarial contemporáneo.

Entorno de Cambio Rápido:

El ritmo del cambio en el mundo empresarial es más rápido que nunca. Las innovaciones tecnológicas, como la inteligencia artificial, el big data y la automatización, están transformando industrias enteras. Las empresas que no se adaptan a estas nuevas tecnologías corren el riesgo de quedarse atrás. Por ejemplo, muchas empresas de retail han tenido que adaptarse rápidamente al comercio electrónico y a las plataformas digitales para satisfacer las expectativas de los consumidores que buscan conveniencia y accesibilidad.

Expectativas Cambiantes de los Consumidores:

Los consumidores de hoy son más informados y exigentes. Buscan experiencias personalizadas y productos que se alineen con sus valores, como la sostenibilidad y la responsabilidad social.

Las empresas deben ser capaces de adaptarse a estas expectativas cambiantes para mantener la lealtad del cliente. Aquellas que no lo hagan pueden perder cuota de mercado frente a competidores más ágiles que sí responden a las demandas del consumidor.

Competencia Global:

La globalización ha ampliado el mercado, pero también ha intensificado la competencia. Las empresas ya no solo compiten con otras en su localidad, sino con organizaciones de todo el mundo. Para destacar en este entorno competitivo, las empresas deben ser capaces de adaptarse a diferentes culturas, regulaciones y dinámicas de mercado. La capacidad de ajustar estrategias y operaciones en función de las condiciones locales es crucial para el éxito internacional.

En resumen, la innovación y la adaptabilidad no son solo tendencias pasajeras, sino requisitos esenciales para cualquier organización que aspire a tener éxito en el futuro. Fomentar una cultura que valore la creatividad, la flexibilidad y la disposición al cambio es crucial para navegar en un entorno empresarial cada vez más complejo y dinámico. Las empresas que logren integrar estas dos capacidades en su estrategia y operaciones estarán mejor posicionadas para enfrentar los desafíos del mañana y aprovechar las oportunidades que surjan en el camino.

Alvaro Silva
EL CEO DEL AÑO

Alvaro Silva
EL CEO DEL AÑO

La Importancia de la Innovación en el Liderazgo

En un mundo empresarial en constante cambio, la innovación se ha convertido en un componente esencial del liderazgo efectivo. Los líderes que fomentan la innovación no solo impulsan el crecimiento de sus organizaciones, sino que también crean un entorno en el que los empleados se sienten motivados y comprometidos.

Este ensayo explora la importancia de la innovación en el liderazgo, sus beneficios y las estrategias que los líderes pueden implementar para cultivar una cultura innovadora.

Definición de Innovación en el Liderazgo:

La innovación en el liderazgo se refiere a la capacidad de los líderes para introducir nuevas ideas, enfoques y soluciones que mejoren la efectividad organizacional.

Esto puede incluir la adopción de nuevas tecnologías, la implementación de procesos más eficientes o la creación de productos y servicios que satisfagan las necesidades cambiantes de los clientes. Un líder innovador no solo se enfoca en el presente, sino que también anticipa el futuro y se adapta a las tendencias emergentes.

Fomento de una Cultura de Innovación:

Una de las principales responsabilidades de un líder es cultivar una cultura que valore y promueva la innovación.

Esto implica crear un entorno donde los empleados se sientan seguros para expresar sus ideas y experimentar sin miedo al fracaso. Los líderes pueden fomentar esta cultura a través de varias.

Estrategias:

Promover la Colaboración: La innovación a menudo surge de la colaboración entre diferentes departamentos y equipos.

Lo lideres deben fomentar un ambiente donde se compartan ideas y se trabajen en conjunto para resolver problemas.

Valorar la Diversidad:

La diversidad de pensamiento es un motor clave de la innovación. Los líderes deben asegurarse de que sus equipos incluyan una variedad de perspectivas y experiencias, lo que puede llevar a soluciones más creativas y efectivas.

Incentivar el Aprendizaje Continuo:

Los líderes deben alentar a sus empleados a seguir aprendiendo y desarrollándose. Esto puede incluir la capacitación en nuevas habilidades, la asistencia a conferencias o la participación en proyectos innovadores.

Beneficios de la Innovación en el Liderazgo:

La innovación en el liderazgo ofrece numerosos beneficios tanto para las organizaciones como para los empleados.

Mejora de la Competitividad:

Las organizaciones que adoptan la innovación tienden a ser más competitivas en el mercado. Al introducir nuevos productos, servicios o procesos, estas organizaciones pueden diferenciarse de sus competidores y satisfacer mejor las necesidades de sus clientes.

La innovación permite a las empresas no solo mantenerse al día con las tendencias del mercado, sino también anticiparse a ellas, lo que les otorga una ventaja significativa.

Por ejemplo, empresas como Apple y Tesla han logrado posicionarse como líderes en sus respectivas industrias gracias a su enfoque constante en la innovación, ofreciendo productos que no solo cumplen con las expectativas del consumidor, sino que las superan.

Además, la innovación puede llevar a la creación de nuevos mercados. Al desarrollar soluciones únicas o disruptivas, las organizaciones pueden abrir oportunidades que antes no existían.

 Esto no solo aumenta su base de clientes, sino que también les permite establecerse como pioneros en su sector, lo que puede resultar en una lealtad de marca más fuerte y en una mayor participación de mercado.

En conclusión, La innovación en el liderazgo es crucial para mantener a las organizaciones competitivas y relevantes. Los líderes innovadores no solo adoptan nuevas ideas y tecnologías, sino que también fomentan un entorno donde la creatividad y el pensamiento fuera de lo común prosperan. Esto implica estar abierto al cambio, asumir riesgos calculados y siempre buscar maneras de mejorar procesos y productos. Al inspirar a sus equipos a innovar, los líderes no solo impulsan el crecimiento de la empresa, sino que también crean un entorno dinámico y motivador. En pocas palabras, la innovación en el liderazgo no es una opción, sino una necesidad en el mundo empresarial actual.

Alvaro Silva
EL CEO DEL AÑO

Alvaro Silva
EL CEO DEL AÑO

Empresas que se Adaptaron con Éxito a los Cambios del Mercado

En un mundo empresarial en constante evolución, la capacidad de adaptación es crucial para la supervivencia y el éxito. A lo largo de la historia, varias empresas han demostrado que, con la estrategia adecuada, es posible no solo sobrevivir a los cambios del mercado, sino también prosperar. A continuación, exploraremos algunos casos emblemáticos.

Netflix: De Alquiler de DVDs a Streaming:

Netflix comenzó en 1997 como un servicio de alquiler de DVDs por correo. Sin embargo, con el auge de Internet y el cambio

en los hábitos de consumo, la compañía se dio cuenta de que debía adaptarse.

En 2007, lanzó su servicio de streaming,

permitiendo a los usuarios ver películas y series en línea. Esta transición no solo salvó a la empresa de la obsolescencia, sino que la convirtió en un líder en la industria del entretenimiento. Hoy en día, Netflix produce contenido original y ha cambiado la forma en que consumimos medios.

Apple: Innovación Continua:

Apple es otro ejemplo de adaptación exitosa. A finales de los años 90, la empresa enfrentaba serios problemas financieros y una disminución en su cuota de mercado. Sin embargo, bajo el liderazgo de Steve Jobs, Apple se reinventó con el lanzamiento del iPod, seguido por el iPhone y el iPad.

Cada uno de estos productos no solo revolucionó su respectivo mercado, sino que también estableció a Apple como un referente en

innovación tecnológica. La clave de su éxito ha sido la capacidad de anticipar y adaptarse a las necesidades cambiantes de los consumidores.

LEGO: Reinventando la Marca

LEGO, la famosa compañía de juguetes, también ha sabido adaptarse a los cambios del mercado. En la década de 2000, la empresa enfrentó una crisis debido a la competencia de videojuegos y otros juguetes electrónicos. En lugar de resistirse al cambio, LEGO decidió diversificar su oferta. Comenzó a colaborar con franquicias populares como Star Wars y Harry Potter, creando sets de construcción temáticos.

En conclusión, los casos de estudio sobre empresas que se adaptaron con éxito a los cambios del mercado nos muestran que la flexibilidad y la innovación son clave para sobrevivir y prosperar. Estas empresas no solo identificaron las tendencias emergentes, sino que también ajustaron sus estrategias, productos y servicios para satisfacer las nuevas demandas de los consumidores. Además, la capacidad de escuchar a sus clientes y anticipar sus necesidades les permitió mantenerse relevantes en un entorno competitivo.

Cómo fomentar una cultura de innovación en la empresa

Fomentar una cultura de innovación en una empresa es esencial para mantenerse competitivo en un entorno empresarial en constante cambio. La innovación no solo se refiere a la creación de nuevos productos o servicios, sino también a la mejora de procesos, la adopción de nuevas tecnologías y la implementación de ideas creativas que pueden transformar la forma en que opera una organización. A continuación, se presentan algunas estrategias clave para cultivar una cultura de innovación en el lugar de trabajo.

Fomentar un ambiente abierto y colaborativo:

La base de una cultura de innovación es un ambiente donde los empleados se sientan cómodos compartiendo ideas. Esto se puede lograr promoviendo la colaboración entre equipos y departamentos.

Las empresas pueden organizar sesiones de lluvia de ideas, talleres y reuniones regulares donde todos los empleados tengan la oportunidad de expresar sus pensamientos y sugerencias. Además, es importante que los líderes de la organización escuchen activamente y valoren las contribuciones de todos, independientemente de su nivel jerárquico.

Promover la diversidad de pensamiento:

La diversidad es un motor clave de la innovación. Al reunir a personas con diferentes antecedentes, experiencias y perspectivas, se pueden generar ideas más creativas y soluciones innovadoras. Las empresas deben esforzarse por construir equipos diversos y fomentar un ambiente inclusivo donde cada voz sea escuchada. Esto no solo enriquece el proceso creativo, sino que también ayuda a la organización a comprender mejor a sus clientes y mercados.

Establecer un marco para la experimentación:

La innovación a menudo implica asumir riesgos y experimentar. Las empresas deben crear un marco que permita a los empleados probar nuevas ideas sin miedo al fracaso.

Esto puede incluir la implementación de programas de emprendimiento", donde los empleados pueden dedicar tiempo a desarrollar sus propias ideas dentro de la empresa.

Además, es fundamental celebrar los fracasos como oportunidades de aprendizaje, en lugar de penalizar a quienes intentan innovar y no logran el resultado esperado.

Proporcionar recursos y apoyo:

Para que la innovación florezca, los empleados necesitan acceso a los recursos adecuados. Esto incluye no solo financiamiento, sino también tiempo, herramientas y capacitación.

Las empresas deben invertir en el desarrollo profesional de sus empleados, ofreciendo cursos y talleres que fomenten habilidades creativas y técnicas. Además, proporcionar acceso a tecnologías emergentes y plataformas de colaboración puede facilitar la generación de ideas y la implemente

En resumen, Fomentar una cultura de innovación en la empresa implica crear un entorno donde los empleados se sientan apoyados para experimentar y proponer nuevas ideas. Esto se logra promoviendo la colaboración, incentivando la creatividad y tolerando el riesgo y los fracasos como parte del proceso de aprendizaje.

La clave está en liderar con el ejemplo, proporcionando recursos y tiempo para la innovación, y reconociendo y celebrando los éxitos. Un entorno inclusivo y diverso también enriquece el pensamiento innovador. Así, se construye una cultura que no solo acepta, sino que valora y fomenta la innovación continua.

Capítulo 4: Ética y Responsabilidad Social

Alvaro Silva
EL CEO DEL AÑO

Ética y Responsabilidad Social

La ética y la responsabilidad social son conceptos fundamentales que guían el comportamiento de individuos y organizaciones en la sociedad actual. En un mundo cada vez más interconectado, la forma en que actuamos y tomamos decisiones tiene un impacto significativo en nuestras comunidades y en el medio ambiente.

Este capítulo explora la importancia de estos principios y cómo se pueden aplicar en diversas situaciones.

Ética: Un Pilar Fundamental:

La ética se refiere a los principios que rigen el comportamiento humano, determinando lo que es correcto e incorrecto. En el ámbito empresarial, la ética se traduce en prácticas que no solo buscan el beneficio económico, sino que también consideran el bienestar de los empleados, clientes y la sociedad en general. Las empresas éticas son

aquellas que actúan con integridad, transparencia y justicia, lo que a su vez genera confianza y lealtad entre sus grupos de interés.

Un aspecto crucial de la ética es la toma de decisiones. Las organizaciones deben enfrentarse a dilemas éticos que pueden surgir en diversas situaciones, como la publicidad engañosa, el trato justo a los empleados y la sostenibilidad ambiental. La implementación de códigos de ética y la formación en ética empresarial son herramientas que ayudan a las organizaciones a navegar estos desafíos.

Alvaro Silva
EL CEO DEL AÑO

Responsabilidad Social: Más Allá del Beneficio Económico

La responsabilidad social se refiere al compromiso de las empresas y organizaciones de actuar en beneficio de la sociedad. Esto implica no solo cumplir con las leyes y

regulaciones, sino también ir más allá de ellas para contribuir al bienestar social y ambiental. Las iniciativas de responsabilidad social pueden incluir programas de

voluntariado, donaciones a causas benéficas, prácticas sostenibles y el apoyo a la diversidad e inclusión en el lugar de trabajo.

Las empresas que adoptan un enfoque proactivo hacia la responsabilidad social no solo mejoran su imagen pública, sino que también pueden experimentar beneficios económicos a largo plazo. Los consumidores actuales valoran cada vez más las marcas que demuestran un compromiso genuino con la ética y la responsabilidad social, lo que puede traducirse en una mayor lealtad y preferencia por sus productos o servicios.

En resumen, la ética nos ayuda a tomar decisiones justas y responsables, mientras que la responsabilidad social nos impulsa a actuar de manera que beneficie a la sociedad en su conjunto. Juntos, estos conceptos fomentan un entorno más justo y sostenible.

El Papel de la Ética en la Toma de Decisiones

La ética es un componente fundamental en la toma de

decisiones, ya que guía a las personas y organizaciones en la elección de acciones que no solo son efectivas, sino también justas y responsables. En un mundo cada vez más complejo y globalizado, donde las decisiones pueden tener repercusiones significativas, la ética se convierte en un faro que orienta el comportamiento humano.

Definición de Ética:

La ética se refiere a un conjunto de principios morales que rigen el comportamiento de un individuo o grupo. Estos principios ayudan a determinar lo que es correcto o incorrecto, justo o injusto. En el contexto de la toma de decisiones, la ética proporciona un marco que permite evaluar las consecuencias de nuestras acciones y considerar el impacto que estas tendrán en los demás.

La Importancia de la Ética en la Toma de Decisiones

La toma de decisiones éticas es crucial por varias razones:

Confianza y Credibilidad: Las decisiones éticas fomentan la confianza entre las partes interesadas.

Cuando las personas perciben que una organización actúa de manera ética, es más probable que confíen en ella, lo que puede traducirse en lealtad y apoyo a largo plazo.

Responsabilidad Social: Las decisiones éticas consideran el bienestar de la sociedad en su conjunto. Esto implica no solo cumplir con las leyes y regulaciones, sino también actuar de manera que beneficie a la comunidad y al medio ambiente.

Prevención de Conflictos: La ética ayuda a prevenir conflictos y malentendidos. Al establecer normas claras sobre lo que se considera un comportamiento aceptable, se minimizan las posibilidades de que surjan disputas.

Proceso de Toma de Decisiones Ética:

El proceso de toma de decisiones éticas puede dividirse en varios pasos: Identificación del Problema: Reconocer que hay un dilema ético es el primer paso. Esto implica entender la situación y los diferentes factores involucrados.

Recolección de Información: Es fundamental reunir toda la información relevante para tomar una decisión informada. Esto incluye considerar las perspectivas de todas las partes afectadas.

Evaluación de Alternativas: Una vez que se ha identificado el problema y se ha recopilado la información relevante, el siguiente paso en el proceso de toma de decisiones éticas es evaluar las alternativas disponibles. Este paso es crucial, ya que implica analizar las diferentes opciones y sus posibles consecuencias desde una perspectiva ética.

En resumen, la ética guía nuestras decisiones hacia un impacto positivo en la sociedad y fomenta la confianza y el respeto en nuestras relaciones. ¿Te gustaría profundizar en algún aspecto específico?

Alvaro Silva
EL CEO DEL AÑO

Responsabilidad Social Corporativa y su Impacto

La responsabilidad social corporativa (RSC) se refiere a las prácticas y políticas implementadas por las empresas para tener un impacto positivo en la sociedad y el medio ambiente, más allá de sus objetivos económicos. En un mundo cada vez más consciente de los problemas sociales y ambientales, la RSC se ha convertido en un componente esencial de la estrategia empresarial.

Definición y Evolución de la RSC:

La RSC abarca una amplia gama de actividades, desde la sostenibilidad ambiental hasta el apoyo a las comunidades locales. Originalmente, las empresas se centraban en maximizar las ganancias para sus accionistas. Sin embargo, a medida que la conciencia social ha crecido, también lo ha hecho la expectativa de que las empresas actúen de manera ética y responsable. Hoy en día, los consumidores, empleados e inversores buscan cada vez más empresas que demuestren un compromiso genuino con la RSC.

Impacto en la Sociedad:

El impacto de la RSC en la sociedad es significativo. Las empresas que adoptan prácticas responsables pueden contribuir a la mejora de la calidad de vida en las comunidades donde operan.

Por ejemplo, muchas empresas implementan programas de voluntariado corporativo, donde los empleados dedican tiempo a proyectos comunitarios. Esto no solo beneficia a la comunidad, sino que también fortalece el sentido de pertenencia y satisfacción laboral entre los empleados.

Además, la RSC puede abordar problemas sociales como la pobreza, la educación y la salud. Las empresas pueden invertir en programas educativos, apoyar iniciativas de salud pública o colaborar con organizaciones sin fines de lucro para abordar estos desafíos. Este tipo de compromiso no solo ayuda a las comunidades, sino que también mejora la reputación de la empresa y puede atraer a consumidores que valoran la ética empresarial.

Impacto Ambiental:

El impacto ambiental de la RSC es otro aspecto crucial. Las empresas tienen la responsabilidad de minimizar su huella ecológica y contribuir a la sostenibilidad del planeta. Esto puede incluir la reducción de emisiones de carbono, la gestión adecuada de residuos y el uso de recursos renovables. Las empresas que adoptan prácticas sostenibles no solo ayudan al medio ambiente, sino que también pueden reducir costos a largo plazo y mejorar su eficiencia operativa.

En resumen, la RSC no solo es buena para las empresas, sino que también tiene un efecto positivo en la comunidad y el planeta. ¡Es un ganar-ganar!

Ejemplos de CEOs que han hecho la diferencia en sus comunidades

En el mundo empresarial, los CEOs no solo son responsables de dirigir sus compañías hacia el éxito financiero, sino que también tienen el poder de influir positivamente en sus comunidades. A continuación, exploraremos algunos ejemplos de líderes que han utilizado su posición para generar un impacto social significativo.

Howard Schultz - Starbucks:

Howard Schultz, el ex CEO de Starbucks, es conocido por su enfoque en la responsabilidad social corporativa. Durante su mandato, Schultz implementó políticas que promovían la inclusión y la diversidad. Starbucks se comprometió a contratar a veteranos y jóvenes en riesgo, y también lanzó iniciativas para apoyar a los agricultores de café en países en desarrollo. Además, Schultz ha sido un defensor del acceso a la educación, apoyando programas que ofrecen becas a empleados para que puedan continuar su formación académica.

Paul Polman - Unilever:

Paul Polman, quien fue CEO de Unilever, ha sido un pionero en la sostenibilidad empresarial. Bajo su liderazgo, la compañía lanzó el Plan de Vida Sostenible de Unilever, que tiene como objetivo reducir el impacto ambiental de sus productos y mejorar la calidad de vida de las comunidades en las que opera. Polman ha abogado por un modelo de negocio que no solo se centre en las ganancias, sino que también considere el bienestar social y ambiental. Su enfoque ha inspirado a otras empresas a adoptar prácticas más sostenibles.

Satya Nadella - Microsoft:

Satya Nadella, actual CEO de Microsoft, ha transformado la cultura de la empresa hacia una más inclusiva y empática. Nadella ha promovido la diversidad y la inclusión dentro de Microsoft, asegurando que la compañía no solo contrate a personas de diferentes orígenes, sino que también fomente un ambiente donde todos se sientan valorados. Además, ha impulsado iniciativas para cerrar la brecha digital, proporcionando acceso a tecnología y educación a comunidades desfavorecidas.

En resumen: Estos líderes no solo se enfocan en el éxito de sus empresas, sino que también buscan hacer una diferencia positiva en el mundo que los rodea. ¡Es inspirador ver cómo pueden influir en sus comunidades!

Capítulo 5: Construyendo un Equipo Ganador

Alvaro Silva
EL CEO DEL AÑO

Construyendo un Equipo Ganador

En el mundo actual, donde la colaboración y la innovación son esenciales para el éxito, construir un equipo ganador se ha convertido en una prioridad para muchas organizaciones. Un equipo efectivo no solo se compone de individuos talentosos, sino que también se basa en la cohesión, la comunicación y un propósito compartido. En este capítulo, exploraremos los elementos clave para formar un equipo que no solo alcance sus objetivos, sino que también disfrute del proceso.

1. Definir una Visión Común:

El primer paso para construir un equipo ganador es establecer una visión clara y compartida. Todos los miembros del equipo deben entender y estar alineados con los objetivos a largo plazo de la organización. Esta visión actúa como una brújula, guiando las decisiones y acciones del equipo. Para lograr esto, es fundamental involucrar a todos en la creación de esta visión, asegurando que cada voz sea escuchada y que todos se sientan parte del proceso.

2. Fomentar la Diversidad:

La diversidad es un pilar fundamental en la construcción de un equipo exitoso. Un grupo diverso aporta diferentes perspectivas, habilidades y experiencias, lo que enriquece la toma de decisiones y la creatividad.

Al fomentar un ambiente inclusivo, donde se valoren las diferencias, se puede aprovechar al máximo el potencial de cada miembro del equipo. Esto no solo mejora la dinámica del grupo, sino que también puede llevar a soluciones más innovadoras y efectivas.

3. Establecer Roles Claros:

Cada miembro del equipo debe tener un rol definido que se alinee con sus habilidades y fortalezas. Esto no solo ayuda a evitar confusiones, sino que también permite que cada persona se sienta responsable de su contribución al equipo. Al establecer roles claros, se fomenta un sentido de propiedad y compromiso, lo que a su vez impulsa la motivación y el rendimiento.

4. Promover la Comunicación Abierta:

La comunicación es la columna vertebral de cualquier equipo exitoso. Fomentar un ambiente donde los miembros se sientan cómodos compartiendo ideas, preocupaciones y feedback es crucial. Las reuniones regulares, las herramientas de colaboración y las plataformas de comunicación pueden facilitar este intercambio. Además, es importante practicar la escucha activa, donde cada miembro se sienta valorado y comprendido.

Construyendo un Equipo Ganador" se trata de crear un grupo cohesionado y efectivo que trabaje en conjunto hacia un objetivo común. Esto implica seleccionar a las personas adecuadas, fomentar la comunicación abierta, establecer roles claros y promover un ambiente de confianza y colaboración. También es importante motivar al equipo y reconocer sus logros.

En resumen, se trata de unir talentos y habilidades para alcanzar el éxito juntos.

Alvaro Silva
EL CEO DEL AÑO

Estrategias para Reclutar y Retener Talento

En el mundo empresarial actual, atraer y mantener a los mejores talentos es fundamental para el éxito de cualquier organización. A continuación, exploraremos algunas estrategias efectivas que pueden ayudar a las empresas a lograr este objetivo.

1. Definir una Propuesta de Valor Atractiva:

La primera estrategia es definir claramente la propuesta de valor de la empresa. Esto implica comunicar lo que hace única a la organización y por qué los candidatos deberían querer trabajar allí. Esto puede incluir aspectos como la cultura empresarial, oportunidades de desarrollo profesional, beneficios y un ambiente de trabajo positivo. Una propuesta de valor sólida no solo atrae a los candidatos adecuados, sino que también ayuda a retener a los empleados actuales.

2. Utilizar Múltiples Canales de Reclutamiento:

Para llegar a una audiencia más amplia, es importante utilizar diversos canales de reclutamiento. Esto puede incluir plataformas de empleo en línea, redes sociales, ferias de empleo y programas de referidos. Cada canal tiene sus propias ventajas y puede atraer a diferentes tipos de candidatos.

Además, no subestimes el poder del networking; las conexiones personales a menudo pueden llevar a recomendaciones valiosas.

3. Proceso de Selección Inclusivo y Efectivo:

Un proceso de selección bien estructurado es clave para encontrar el talento adecuado.

Esto incluye la creación de descripciones de trabajo claras y atractivas, así como la implementación de entrevistas que evalúen tanto las habilidades técnicas como las blandas. Además, es fundamental asegurarse de que el proceso sea inclusivo, permitiendo que personas de diversos orígenes y experiencias tengan la oportunidad de postularse.

4. Ofrecer Oportunidades de Desarrollo Profesional:

Una vez que has reclutado a los mejores talentos, es crucial mantenerlos motivados y comprometidos. Ofrecer oportunidades de desarrollo profesional, como capacitaciones, talleres y programas de mentoría, puede ser un gran incentivo. Los empleados valoran las empresas que invierten en su crecimiento y desarrollo, lo que a su vez puede aumentar la lealtad y reducir la rotación.

En resumen, Para reclutar y retener talento en una empresa, especialmente en el contexto actual, donde las demandas de los empleados y las dinámicas del mercado laboral están cambiando rápidamente, es importante diseñar estrategias efectivas que aborden tanto la atracción como la retención de talento de manera integral.

La Importancia de la Diversidad en el Equipo

En el mundo actual, la diversidad en los equipos no es solo una tendencia, sino una necesidad estratégica. La diversidad se refiere a la variedad de experiencias, perspectivas y habilidades que cada miembro aporta, y su importancia radica en cómo estas diferencias pueden enriquecer el trabajo en conjunto y fomentar un ambiente más innovador y productivo.

Fomentando la Innovación:

Uno de los beneficios más significativos de tener un equipo diverso es el impulso a la innovación. Cuando personas de diferentes orígenes, culturas y experiencias se reúnen, traen consigo una variedad de ideas y enfoques para resolver

problemas. Esta mezcla de perspectivas puede llevar a soluciones más creativas y efectivas. Por ejemplo, un equipo que incluye miembros de diversas nacionalidades puede abordar un desafío desde múltiples ángulos, lo que resulta en una gama más amplia de opciones y, en última instancia, en mejores decisiones.

Mejora en la Toma de Decisiones:

La diversidad también mejora la calidad de la toma de decisiones. Estudios han demostrado que los equipos diversos tienden a tomar decisiones más informadas y equilibradas. Esto se debe a que, al incluir diferentes puntos de vista, se minimizan los sesgos y se fomenta un análisis más profundo de las situaciones.

Un equipo homogéneo, por otro lado, puede caer en la trampa del pensamiento grupal, donde las ideas se repiten sin cuestionamiento, lo que puede llevar a decisiones menos efectivas.

Aumento de la Productividad:

 La diversidad no solo enriquece la creatividad y la toma de decisiones, sino que también puede aumentar la productividad. Cuando los miembros del equipo se sienten valorados y respetados por sus diferencias, es más probable que se sientan motivados y comprometidos con su trabajo. Un ambiente inclusivo fomenta la colaboración y el apoyo mutuo, lo que puede resultar en un aumento en la eficiencia y la efectividad del equipo. Además, un equipo diverso puede adaptarse mejor a los cambios y desafíos, ya que cuenta con una gama más amplia de habilidades y experiencias.

En resumen, la diversidad no solo enriquece la cultura organizacional, sino que también mejora la innovación, la toma de decisiones y la productividad, convirtiéndose en un factor clave para el éxito a largo plazo de cualquier equipo.

Cómo Motivar y Desarrollar a los Empleados

La motivación y el desarrollo de los empleados son aspectos fundamentales para el éxito de cualquier organización. Un equipo motivado no solo es más productivo, sino que también está más comprometido y satisfecho con su trabajo. En este capítulo, exploraremos diversas estrategias para motivar y desarrollar a los empleados, creando un ambiente de trabajo positivo y enriquecedor.

Establecer Metas Claras:

Una de las primeras estrategias para motivar a los empleados es establecer metas claras y alcanzables. Cuando los empleados comprenden lo que se espera de ellos y cómo su trabajo contribuye a los objetivos generales de la organización, se sienten más motivados para alcanzar esas metas.

Es importante que estas metas sean específicas, medibles, alcanzables, relevantes y limitadas en el tiempo (SMART). Además, involucrar a los empleados en el proceso de establecimiento de metas puede aumentar su compromiso y sentido de pertenencia.

Proporcionar Retroalimentación Constructiva:

La retroalimentación es esencial para el desarrollo de los empleados. Proporcionar comentarios regulares y constructivos ayuda a los empleados a comprender sus fortalezas y áreas de mejora. La retroalimentación debe ser específica y orientada a la acción, lo que permite a los empleados saber exactamente cómo pueden mejorar.

Además, reconocer y celebrar los logros, por pequeños que sean, refuerza la motivación y el compromiso.

Ofrecer Oportunidades de Desarrollo Profesional:

Invertir en el desarrollo profesional de los empleados es una de las mejores maneras de motivarlos. Esto puede incluir capacitación, talleres, cursos en línea y oportunidades de mentoría.

Al proporcionar a los empleados las herramientas y recursos necesarios para crecer en sus carreras, no solo aumentas su motivación, sino que también mejoras la capacidad de la organización para adaptarse a los cambios del mercado. Los empleados que ven oportunidades de crecimiento dentro de la empresa son más propensos a permanecer a largo plazo.

Fomentar un Ambiente de Trabajo Positivo:

Un ambiente de trabajo positivo es crucial para la motivación de los empleados. Esto incluye promover una cultura de respeto, colaboración y apoyo. Fomentar relaciones saludables entre compañeros de trabajo y entre empleados y gerentes puede aumentar la satisfacción laboral. Además, ofrecer un espacio de trabajo cómodo y flexible, así como opciones de trabajo remoto, puede contribuir a un mejor equilibrio.

En conclusión, motivar y desarrollar a los empleados es esencial para el éxito a largo plazo de cualquier organización. Para lograrlo, es necesario combinar estrategias que fomenten un ambiente de trabajo positivo, brinden oportunidades de crecimiento profesional y reconozcan los logros del equipo.

Capítulo 6: Estrategias de Crecimiento

Alvaro Silva
EL CEO DEL AÑO

Estrategias de Crecimiento

El crecimiento es un objetivo fundamental para cualquier organización, ya que no solo asegura su sostenibilidad, sino que también le permite adaptarse a un entorno empresarial en constante cambio. En este capítulo, exploraremos diversas estrategias de crecimiento que las empresas pueden implementar para expandir su alcance, aumentar sus ingresos y mejorar su competitividad en el mercado.

Expansión de Mercado:

Una de las estrategias más comunes para el crecimiento es la expansión de mercado. Esto implica llevar productos o servicios existentes a nuevos mercados geográficos o demográficos. Para lograrlo, las empresas deben realizar un análisis exhaustivo del mercado objetivo, identificando las necesidades y preferencias de los consumidores locales. Esto puede incluir la adaptación de productos o servicios para satisfacer las demandas específicas de un nuevo público. La expansión de mercado puede ser una forma efectiva de aumentar la base de clientes y, por ende, los ingresos.

Desarrollo de Nuevos Productos:

Otra estrategia clave es el desarrollo de nuevos productos. Esto implica innovar y crear nuevos productos o servicios que complementen la oferta existente.

La investigación y el desarrollo (I+D) son fundamentales en este proceso, ya que permiten a las empresas identificar oportunidades de innovación y mantenerse a la vanguardia de las tendencias del mercado. Al introducir nuevos productos, las empresas pueden atraer a nuevos clientes y aumentar la lealtad de los clientes existentes, lo que contribuye al crecimiento a largo plazo.

Diversificación

La diversificación es una estrategia que implica expandir la oferta de productos o servicios en áreas no relacionadas con el negocio principal. Esto puede ser una forma efectiva de mitigar riesgos, ya que, si un sector enfrenta dificultades, otros pueden seguir siendo rentables.

La diversificación puede ser tanto horizontal (ofrecer productos relacionados) como vertical (controlar diferentes etapas de la cadena de suministro). Sin embargo, es crucial realizar un análisis de mercado y evaluar la viabilidad de la diversificación para evitar inversiones fallidas.

Alianzas Estratégicas y Colaboraciones:

Formar alianzas estratégicas con otras empresas puede ser una forma poderosa de impulsar el crecimiento. Estas colaboraciones pueden incluir asociaciones para el desarrollo de productos, acuerdos de distribución o incluso fusiones y adquisiciones.

Al unir fuerzas, las empresas pueden aprovechar las fortalezas y recursos de cada una, lo que les permite acceder a nuevos mercados y aumentar su capacidad de innovación.

Diferentes Enfoques para el Crecimiento Empresarial:

El crecimiento empresarial es un objetivo primordial para muchas organizaciones, y existen diversos enfoques que pueden adoptarse para lograrlo. Cada enfoque tiene sus propias ventajas y desventajas, y la elección del más adecuado dependerá de la naturaleza del negocio, el mercado y los recursos disponibles. En este capítulo, exploraremos varios enfoques para el crecimiento empresarial, proporcionando ejemplos y consideraciones clave para cada uno.

Crecimiento Orgánico:

El crecimiento orgánico se refiere al aumento de las ventas y la expansión de la empresa a través de sus propias operaciones, sin recurrir afusiones o adquisiciones. Este enfoque puede incluir la mejora de la eficiencia operativa, la optimización de procesos, la expansión de la base de clientes y el desarrollo de nuevos productos.

Ejemplo: Una empresa de software puede optar por mejorar su producto existente y lanzar nuevas características que atraigan a más usuarios, al mismo tiempo que implementa estrategias de marketing digital para llegar a un público más amplio.

Consideraciones:

El crecimiento orgánico suele ser más sostenible a largo plazo, pero puede requerir más tiempo y recursos para ver resultados significativos.

Crecimiento Inorgánico:

El crecimiento inorgánico implica la expansión a través de fusiones, adquisiciones o alianzas estratégicas.

Este enfoque permite a las empresas acceder rápidamente a nuevos mercados, recursos y capacidades.

Ejemplo: Una empresa de alimentos puede adquirir una marca emergente para diversificar su oferta de productos y aumentar su participación en el mercado.

Consideraciones:

Aunque el crecimiento inorgánico puede ofrecer resultados rápidos, también conlleva riesgos, como la integración de culturas corporativas diferentes y la posible resistencia de los empleados.

Diversificación:

La diversificación es un enfoque que implica expandir la oferta de productos o servicios en áreas no relacionadas con el negocio principal.

Esto puede ayudar a mitigar riesgos y aprovechar nuevas oportunidades de mercado.

Ejemplo: Una empresa de tecnología que se especializa en hardware puede diversificarse al desarrollar software o servicios en la nube.

Consideraciones:

La diversificación puede ser arriesgada si la empresa no tiene experiencia en el nuevo mercado. Es fundamental realizar un análisis exhaustivo antes de embarcarse en esta estrategia.

En última instancia, la elección del enfoque adecuado para el crecimiento dependerá de factores como la naturaleza del negocio, los recursos disponibles, la situación del mercado y los objetivos a largo plazo de la organización. Es fundamental que las empresas evalúen cuidadosamente sus opciones y desarrollen una estrategia de crecimiento que se alinee con su visión y misión. Al hacerlo, podrán no solo alcanzar sus metas de crecimiento, sino también construir una base sólida para el éxito sostenible en el futuro.

Las estrategias de crecimiento son vitales para el éxito a largo plazo de cualquier empresa. Estas se enfocan en expandir el negocio, aumentar la participación de mercado y mejorar la rentabilidad.

Entre las estrategias más efectivas están:

1. Diversificación: Introducir nuevos productos o servicios para captar diferentes segmentos del mercado.

2. Expansión geográfica: Entrar en nuevos mercados locales o internacionales.

3. Innovación: Desarrollar nuevas tecnologías o mejorar las existentes para ofrecer más valor a los clientes.

4. Adquisiciones y fusiones: Comprar otras empresas o fusionarse con ellas para aumentar recursos y capacidades.

5. Estrategias de marketing: Mejorar la visibilidad y atracción del producto a través de campañas publicitarias efectivas.

En resumen, el crecimiento requiere una combinación de innovación, expansión y estrategias de marketing bien planificadas.

Alvaro Silva
EL CEO DEL AÑO

Análisis de Mercado y Oportunidades

El análisis de mercado es una herramienta fundamental para cualquier empresa que busque crecer y adaptarse a un entorno empresarial en constante cambio. Este proceso implica la recopilación y evaluación de información sobre el mercado, los consumidores, la competencia y las tendencias del sector. A través de un análisis de mercado efectivo, las empresas pueden identificar oportunidades, anticipar desafíos y tomar decisiones informadas que impulsen su crecimiento.

En este capítulo, exploraremos los componentes clave del análisis de mercado y cómo pueden ayudar a las organizaciones a descubrir oportunidades valiosas.

Definición del Mercado Objetivo:

El primer paso en el análisis de mercado es definir claramente el mercado objetivo.

Esto implica segmentar el mercado en grupos más pequeños y homogéneos basados en características demográficas, geográficas, psicográficas y conductuales.

Al comprender quiénes son los clientes potenciales, las empresas pueden adaptar sus productos, servicios y estrategias de marketing para satisfacer mejor sus necesidades.

Ejemplo: Una empresa de cosméticos puede segmentar su mercado objetivo en función de la edad, el género y los intereses, permitiéndole desarrollar campañas de marketing más efectivas y productos que resuenen con cada grupo.

Investigación de la Competencia:

El análisis de la competencia es otro componente crucial del análisis de mercado. Esto implica identificar a los competidores directos e indirectos, evaluar sus fortalezas y debilidades, y comprender sus estrategias de marketing y posicionamiento. Al conocer a la competencia, las empresas pueden identificar brechas en el mercado y áreas donde pueden diferenciarse.

Ejemplo:

Una nueva cafetería puede analizar las ofertas de otras cafeterías en la zona, identificando que no hay opciones de café orgánico.

Esto podría representar una oportunidad para atraer a un segmento de consumidores que valoran productos sostenibles.

Análisis de Tendencias del Mercado:

Las tendencias del mercado son cambios en el comportamiento del consumidor, la tecnología, la economía y otros factores que pueden influir en la demanda de productos y servicios. Realizar un seguimiento de estas tendencias permite a las empresas anticipar cambios en el mercado y adaptarse proactivamente.

En resumen, un análisis de mercado efectivo proporciona a las empresas la información necesaria para tomar decisiones informadas, identificar oportunidades valiosas y desarrollar estrategias que impulsen su crecimiento y competitividad. Al comprender su mercado y su entorno, las organizaciones pueden posicionarse mejor para el éxito a largo plazo.

Casos de Éxito de Empresas que Han Crecido Exponencialmente

El crecimiento exponencial es un fenómeno que ha sido alcanzado por varias empresas en diferentes sectores, y estudiar sus casos de éxito puede ofrecer valiosas lecciones y estrategias para otras organizaciones. En este capítulo, exploraremos algunos ejemplos destacados de empresas que han logrado un crecimiento notable, analizando las estrategias que implementaron y los factores que contribuyeron a su éxito.

Amazon:

Amazon comenzó como una librería en línea en 1994 y ha evolucionado hasta convertirse en uno de los gigantes del comercio electrónico y la tecnología a nivel mundial. Su crecimiento exponencial se debe a varias estrategias clave: Diversificación de Productos y Servicios: Amazon no solo

vende libros, sino que ha expandido su oferta a una amplia gama de productos, servicios de streaming, y soluciones en la nube a través de Amazon Web Services (AWS).

Innovación Continua: La empresa ha invertido en tecnología y logística, mejorando la experiencia del cliente con servicios como Amazon Prime, que ofrece envíos rápidos y acceso a contenido exclusivo.

Enfoque en el Cliente:

 Amazon ha mantenido un enfoque constante en la satisfacción del cliente, utilizando datos y análisis para personalizar la experiencia de compra.

Netflix

Netflix comenzó como un servicio de alquiler de DVD por correo en 1997 y ha transformado la industria del entretenimiento al convertirse en una plataforma de streaming líder.

Su crecimiento exponencial se puede atribuir a:

Adaptación a las Nuevas Tecnologías: Netflix supo anticipar el cambio hacia el streaming y se adaptó rápidamente, abandonando su modelo de alquiler de DVD.

Producción de Contenido Original: La inversión en contenido original, como series y películas exclusivas, ha atraído a millones de suscriptores y ha diferenciado a Netflix de sus competidores.

Estrategia Global: Netflix ha expandido su presencia a nivel internacional, adaptando su contenido a diferentes mercados y culturas.

En conclusión, los casos de éxito de empresas que han crecido exponencialmente demuestran que hay ciertos factores clave que impulsan este tipo de crecimiento, y las empresas que logran capitalizarlos se destacan en sus respectivos sectores. Estas compañías han aprovechado la innovación, la adaptación a las necesidades del mercado y el uso estratégico de la tecnología para escalar rápidamente.

Capítulo 7: El Futuro del Liderazgo

Alvaro Silva
EL CEO DEL AÑO

El Futuro del Liderazgo

El liderazgo está en constante evolución, y el futuro del liderazgo se perfila como un campo dinámico que se adapta a los cambios sociales, tecnológicos y económicos. A medida que las organizaciones enfrentan nuevos desafíos y oportunidades, los líderes deben desarrollar habilidades y enfoques que les permitan guiar a sus equipos de manera efectiva en un entorno en constante cambio. En este capítulo, exploraremos las tendencias emergentes en el liderazgo y las competencias clave que serán esenciales para los líderes del futuro.

Liderazgo Inclusivo:

El liderazgo inclusivo se centra en crear un entorno donde todas las voces sean escuchadas y valoradas. A medida que las organizaciones se vuelven más diversas, los líderes deben ser capaces de fomentar la inclusión y la equidad en sus equipos. Esto implica reconocer y abordar los sesgos, promover la diversidad en la toma de decisiones y crear un espacio donde todos los empleados se sientan seguros para expresar sus ideas.

Ejemplo: Empresas que implementan programas de capacitación en diversidad e inclusión han visto mejoras en la innovación y la satisfacción de los empleados, lo que a su vez impulsa el rendimiento organizacional.

Liderazgo Adaptativo

El futuro del liderazgo también requerirá una mayor capacidad de adaptación. Los líderes deberán ser flexibles y estar dispuestos a ajustar sus estrategias en respuesta a cambios rápidos en el mercado, la tecnología y las expectativas de los empleados.

Esto implica no solo reaccionar a los cambios, sino también anticiparse a ellos y preparar a sus equipos para el futuro.

Ejemplo: Durante la pandemia, muchas empresas tuvieron que adaptarse rápidamente al trabajo remoto. Los líderes que pudieron implementar nuevas herramientas y mantener la comunicación efectiva fueron más exitosos en mantener la moral y la productividad de sus equipos.

Liderazgo Basado en Datos

La toma de decisiones basada en datos se está convirtiendo en un componente esencial del liderazgo moderno.

Los líderes del futuro deberán ser capaces de analizar datos y métricas para informar sus decisiones y estrategias. Esto incluye el uso de análisis de datos para comprender mejor el comportamiento del cliente, las tendencias del mercado y el rendimiento del equipo.

Ejemplo: Las empresas que utilizan análisis de datos para personalizar la experiencia del cliente han logrado un crecimiento significativo, ya que pueden anticipar las necesidades y preferencias de sus consumidores.

En conclusión, el futuro del liderazgo está marcado por la adaptabilidad, la empatía y la capacidad de inspirar innovación en un entorno empresarial cada vez más cambiante. Los líderes del futuro no solo necesitarán habilidades técnicas y de gestión, sino también competencias emocionales y sociales que les permitan guiar a equipos diversos y remotos en un mundo globalizado.

Alvaro Silva
EL CEO DEL AÑO

Tendencias Emergentes en el Liderazgo Empresarial

El liderazgo empresarial está en constante evolución, impulsado por cambios en la cultura organizacional, avances tecnológicos y nuevas expectativas de los empleados. En este capítulo, exploraremos algunas de las tendencias emergentes que están dando forma al liderazgo en el entorno empresarial actual y cómo estas tendencias pueden influir en el éxito de las organizaciones.

Liderazgo Remoto y Híbrido:

Con el aumento del trabajo remoto y los modelos híbridos, los líderes deben adaptarse a nuevas formas de gestionar equipos. Esto implica desarrollar habilidades de comunicación efectivas y utilizar herramientas digitales para mantener la colaboración y la cohesión del equipo. Los líderes deben ser capaces de construir relaciones de confianza a distancia y fomentar un sentido de pertenencia entre los miembros del equipo, independientemente de su ubicación.

Enfoque en el Bienestar y la Salud Mental:

El bienestar de los empleados se ha convertido en una prioridad para las organizaciones.

Los líderes están reconociendo la importancia de apoyar la salud mental y emocional de sus equipos. Esto incluye la implementación de políticas que promuevan un equilibrio entre el trabajo y la vida personal, así como la creación de un entorno donde los empleados se sientan cómodos hablando sobre sus desafíos.

Liderazgo Inclusivo y Diversidad

La diversidad y la inclusión son fundamentales para el éxito organizacional. Los líderes del futuro deben ser proactivos en la creación de equipos diversos y en la promoción de una cultura inclusiva. Esto implica no solo contratar a personas de diferentes orígenes, sino también asegurarse de que todas las voces sean escuchadas y valoradas en la toma de decisiones.

Un liderazgo inclusivo fomenta la innovación y mejora la satisfacción de los empleados.

Liderazgo Basado en Propósito:

Los empleados, especialmente las generaciones más jóvenes, buscan trabajar para organizaciones que tengan un propósito claro y que se alineen con sus valores personales. Los líderes deben ser capaces de articular una visión y un propósito que inspire a sus equipos y que esté alineado con la responsabilidad social y ambiental.

Esto no solo atrae talento, sino que también mejora la lealtad y el compromiso de los empleados.

En resumen, el futuro del liderazgo empresarial está marcado por la adaptabilidad, la empatía y un enfoque en el bienestar y la inclusión. Los líderes que abracen estas tendencias estarán mejor equipados para enfrentar los desafíos del entorno empresarial actual y guiar a sus organizaciones hacia el éxito sostenible.

Alvaro Silva
EL CEO DEL AÑO

El Impacto de la Tecnología en la Gestión

La tecnología ha transformado radicalmente la forma en que las organizaciones gestionan sus operaciones, equipos y relaciones con los clientes. En este capítulo, exploraremos

cómo la tecnología está influyendo en la gestión empresarial y las implicaciones que esto tiene para los líderes y sus equipos.

Automatización de Procesos:

La automatización ha permitido a las empresas optimizar sus procesos operativos, reduciendo costos y aumentando la eficiencia. Herramientas como software de gestión de proyectos, sistemas de gestión de relaciones con clientes (CRM) y plataformas de automatización de marketing permiten a los equipos centrarse en tareas estratégicas en lugar de actividades repetitivas. Esto no solo mejora la productividad, sino que también libera tiempo para la innovación y la creatividad.

Análisis de Datos y Toma de Decisiones:

El acceso a grandes volúmenes de datos ha cambiado la forma en que las organizaciones toman decisiones. Las herramientas de análisis de datos permiten a los líderes obtener información valiosa sobre el comportamiento del cliente, las tendencias del mercado y el rendimiento interno.

Esta información basada en datos ayuda a las empresas a tomar decisiones más informadas y a anticipar cambios en el entorno empresarial.

Colaboración y Comunicación:

Las plataformas de colaboración y comunicación, como Slack, Microsoft Temas y Zoom, han transformado la forma en que los equipos interactúan. Estas herramientas facilitan la comunicación en tiempo real, independientemente de la ubicación geográfica, lo que es especialmente importante en entornos de trabajo remoto o híbrido. La tecnología ha permitido una mayor agilidad en la toma de decisiones y una mejor coordinación entre equipos.

Gestión del Talento y Desarrollo Profesional:

La tecnología también ha impactado la gestión del talento. Las plataformas de recursos humanos y aprendizaje en línea permiten a las organizaciones gestionar el talento de manera más efectiva, desde la contratación hasta el desarrollo profesional. Los líderes pueden utilizar herramientas de evaluación y seguimiento del rendimiento para identificar áreas de mejora y ofrecer oportunidades de capacitación personalizadas.

En resumen, la tecnología no solo ha cambiado la forma en que las organizaciones gestionan sus operaciones, sino que también ha redefinido el papel de los líderes en el entorno empresarial. Aquellos que adopten y aprovechen estas herramientas tecnológicas estarán mejor posicionados para enfrentar los desafíos del futuro y capitalizar las oportunidades que surjan en un mundo cada vez más digital. La clave para el éxito radica en la capacidad de integrar la tecnología de manera efectiva en la estrategia de gestión, fomentando una cultura de innovación y adaptabilidad.

Preparándose para los Desafíos del Futuro

A medida que el entorno empresarial continúa evolucionando, las organizaciones deben prepararse para enfrentar una serie de desafíos que surgirán en el futuro. Este capítulo se centra en las estrategias y enfoques que los líderes pueden adoptar para anticipar y navegar estos desafíos de manera efectiva.

Adaptabilidad y Flexibilidad:

La capacidad de adaptarse rápidamente a los cambios es fundamental en un mundo en constante transformación.

Las organizaciones deben fomentar una cultura de flexibilidad, donde los equipos estén dispuestos a ajustar sus estrategias y enfoques en respuesta a nuevas circunstancias. Esto implica no solo reaccionar a los cambios, sino también anticiparse a ellos mediante la identificación de tendencias emergentes y la evaluación continua del entorno.

Desarrollo de Habilidades Futuras:

El futuro del trabajo estará marcado por la automatización y la inteligencia artificial, lo que significa que las habilidades requeridas en el lugar de trabajo también cambiarán.

Los líderes deben invertir en el desarrollo de habilidades futuras, tanto técnicas como blandas, para preparar a sus equipos. Esto incluye fomentar la capacitación continua, la educación y el aprendizaje a lo largo de la vida, asegurando que los empleados estén equipados para enfrentar los desafíos que se avecinan.

Innovación y Creatividad

La innovación será clave para sobrevivir y prosperar en un entorno competitivo. Las organizaciones deben crear un ambiente que fomente la creatividad y la experimentación. Esto implica permitir que los empleados propongan nuevas ideas, tomen riesgos calculados y aprendan de los fracasos. Los líderes deben ser defensores de la innovación, promoviendo una mentalidad abierta y colaborativa.

Sostenibilidad y Responsabilidad Social:

Los desafíos del futuro también incluirán la necesidad de abordar cuestiones de sostenibilidad y responsabilidad social. Las organizaciones deben integrar prácticas sostenibles en su modelo de negocio y ser conscientes de su impacto en la sociedad y el medio ambiente. Los líderes deben establecer objetivos claros en términos de sostenibilidad y trabajar para crear un legado positivo que beneficie a las generaciones futuras.

En resumen, prepararse para los desafíos del futuro requiere una combinación de adaptabilidad, inversión en talento, fomento de la innovación, compromiso con la sostenibilidad y adopción de tecnología. Los líderes que implementen estas estrategias estarán mejor equipados para enfrentar los retos que se avecinan y guiar a sus organizaciones hacia un futuro exitoso y sostenible.

Conclusión del Libro "CEO del Año"

El libro "CEO del Año" ofrece una profunda reflexión sobre el papel del liderazgo en el entorno empresarial contemporáneo, destacando las cualidades y habilidades que definen a un líder exitoso en un mundo en constante cambio. A lo largo de sus capítulos, se han explorado diversas temáticas que van desde la adaptabilidad y la innovación hasta la importancia de la sostenibilidad y la responsabilidad social. En esta conclusión, se sintetizan los aprendizajes clave y se enfatiza la relevancia de estos conceptos para los líderes actuales y futuros.

Uno de los mensajes más poderosos del libro es que el liderazgo efectivo no se trata solo de alcanzar resultados financieros, sino de crear un impacto positivo en la sociedad y en el entorno.

Los CEOs del año no solo son aquellos que logran cifras impresionantes en sus balances, sino aquellos que inspiran a sus equipos, fomentan una cultura organizacional inclusiva y se comprometen con el bienestar de sus empleados.

Este enfoque holístico del liderazgo es esencial en un mundo donde los consumidores y empleados valoran cada vez más la ética y la responsabilidad social de las empresas.

La adaptabilidad se presenta como una de las competencias más críticas para los líderes de hoy.

En un entorno empresarial marcado por la incertidumbre y la rápida evolución tecnológica, los CEOs deben ser capaces de pivotar y ajustar sus estrategias en función de las circunstancias cambiantes.

La capacidad de anticipar tendencias y responder proactivamente a los desafíos es lo que distingue a un líder excepcional. Este libro subraya que la flexibilidad no solo se refiere a la estrategia empresarial, sino también a la mentalidad de los líderes y sus equipos. Fomentar una cultura que valore la experimentación y el aprendizaje continuo es fundamental para mantener la relevancia en un mercado competitivo.

La innovación es otro pilar central del liderazgo contemporáneo. Los CEOs del año son aquellos que no temen desafiar el statu quo y que buscan constantemente nuevas formas de mejorar sus productos, servicios y procesos. La creatividad debe ser cultivada en todos los niveles de la organización, y los líderes deben ser los principales defensores de un entorno que permita la libre expresión de ideas.

Este enfoque no solo impulsa el crecimiento empresarial, sino que también motiva a los empleados, quienes se sienten valorados y escuchados.

CEO del Año" es un libro que explora las características y habilidades que definen a un líder empresarial exitoso. Aquí te dejo un resumen de los puntos clave:

1. Visión Estratégica: Los CEOs exitosos tienen una visión clara y a largo plazo para sus empresas, lo que les permite guiar a sus equipos hacia objetivos comunes.

2. Adaptabilidad: La capacidad de adaptarse a los cambios del mercado y a las nuevas tecnologías es fundamental.

Los mejores líderes son flexibles y están dispuestos a innovar.

3. Liderazgo Inspirador: Un buen CEO no solo dirige, sino que también inspira a su equipo. Fomentan un ambiente de trabajo positivo y motivan a sus empleados a dar lo mejor de sí.

4. Toma de Decisiones: La habilidad para tomar decisiones informadas y rápidas es crucial. Esto incluye evaluar riesgos y oportunidades de manera efectiva.

5. Ética y Responsabilidad: Los líderes deben actuar con integridad y ser responsables de sus acciones, lo que genera confianza tanto dentro como fuera de la organización.

6. Enfoque en el Cliente: Entender y satisfacer las necesidades del cliente es esencial para el éxito a largo plazo de cualquier empresa.

7. Desarrollo del Talento: Invertir en el crecimiento y desarrollo de los empleados es clave para construir un equipo fuerte y comprometido.

Estos puntos destacan la importancia de un liderazgo efectivo y cómo puede impactar positivamente en el rendimiento de una empresa.

Ser nombrado CEO del año es un reconocimiento que va más allá de los logros financieros y el éxito empresarial. Implica una serie de responsabilidades, valores y reflexiones que son fundamentales para entender lo que significa liderar una organización en el mundo actual.

A continuación, exploraremos algunas de estas reflexiones.

En primer lugar, ser un CEO del año significa ser un líder visionario. No se trata solo de tener una visión clara para la empresa, sino de ser capaz de comunicar esa visión de manera efectiva a todos los niveles de la organización. Un buen CEO inspira a su equipo, fomenta la creatividad y la innovación, y crea un ambiente donde todos se sienten valorados y motivados para contribuir al éxito colectivo. La capacidad de escuchar y adaptarse a las necesidades del equipo es crucial, ya que un líder que se preocupa por su gente es más propenso a obtener resultados positivos.

Además, la ética y la integridad son pilares fundamentales en el liderazgo. Un CEO del año debe ser un modelo para seguir, no solo en términos de resultados, sino también en cómo se logran esos resultados. La transparencia en la toma de decisiones, el respeto por los empleados y la responsabilidad social son aspectos que no deben pasarse por alto. En un mundo donde los consumidores son cada vez más conscientes de las prácticas empresariales, un CEO que actúa con integridad puede construir una reputación sólida y duradera para su empresa.

La adaptabilidad es otra característica esencial. El entorno empresarial está en constante cambio, y un CEO exitoso debe ser capaz de navegar por la incertidumbre y la complejidad.

Esto implica no solo reaccionar ante los cambios, sino también anticiparse a ellos. La capacidad de innovar y de estar a la vanguardia de las tendencias del mercado es lo que distingue a un líder excepcional. Un CEO del año no teme experimentar y aprender de los fracasos, sino que ve cada desafío como una oportunidad para crecer y mejorar.

La sostenibilidad también juega un papel crucial en el liderazgo moderno. Un CEO del año debe reconocer la importancia de operar de manera sostenible y responsable. Esto no solo se refiere a la gestión de recursos, sino también a cómo la empresa impacta a la comunidad y al medio ambiente. Las empresas que adoptan prácticas sostenibles no solo contribuyen al bienestar del planeta, sino que también pueden mejorar su imagen y atraer a consumidores que valoran la responsabilidad social.

En resumen, la conclusión destaca que el éxito de un CEO moderno no se basa únicamente en habilidades técnicas o financieras, sino en su capacidad para liderar con visión, adaptabilidad y empatía.

Los CEOs que logran sobresalir son aquellos que pueden anticiparse a las tendencias del mercado, fomentar una cultura empresarial sólida y ser líderes inspiradores para sus equipos.

Alvaro Silva
EL CEO DEL AÑO

Alvaro Silva
EL CEO DEL AÑO

Llamado a la Acción para los Futuros Líderes

Queridos futuros líderes, Hoy nos encontramos en un momento crucial de nuestra historia.

El mundo está cambiando a un ritmo vertiginoso, y con esos cambios vienen desafíos sin precedentes. Sin embargo, también se presentan oportunidades extraordinarias para aquellos que están dispuestos a levantarse y liderar. Este es un llamado a la acción para todos ustedes, los líderes del mañana.

La verdadera esencia del liderazgo no radica únicamente en ocupar una posición de poder, sino en la capacidad de inspirar, motivar y guiar a otros hacia un futuro mejor. Cada uno de ustedes tiene el potencial de ser un agente de cambio, de marcar la diferencia en sus comunidades y en el mundo. Pero para lograrlo, es fundamental que asuman la responsabilidad de su papel como líderes.

1. Conócete a ti mismo

El primer paso para ser un gran líder es conocerse a uno mismo. Reflexiona sobre tus valores, tus pasiones y tus habilidades. ¿Qué te motiva? ¿Qué te gustaría cambiar en el mundo? La autoconciencia es clave para liderar con autenticidad. Cuando comprendes quién eres y qué representas, puedes guiar a otros con confianza y claridad.

2. Escucha y aprende

Un líder efectivo no solo habla, sino que también escucha.

Presta atención a las voces de quienes te rodean. Cada persona tiene una historia, una perspectiva única que puede enriquecer tu comprensión del mundo. Aprende de tus experiencias y de las de los demás. La empatía es una herramienta poderosa que te permitirá conectar con las personas y construir relaciones sólidas.

3. Sé valiente y toma riesgos

El liderazgo a menudo implica tomar decisiones difíciles y asumir riesgos. No tengas miedo de salir de tu zona de confort. La innovación y el progreso surgen de la valentía. No todas las decisiones serán populares, pero si crees en tu visión y en lo que es correcto, ten la determinación de seguir adelante.

Recuerda que incluso los fracasos pueden ser oportunidades de aprendizaje.

En conclusión, el llamado a la acción para los futuros líderes es claro: el liderazgo del mañana requiere valentía para innovar, empatía para conectarse con las personas y visión para navegar los desafíos de un mundo en constante cambio. Los líderes del futuro deben estar preparados para adaptarse rápidamente, promover la diversidad y crear culturas organizacionales inclusivas que impulsen la colaboración y la creatividad.

Datos del autor

Álvaro Silva es un autor y empresario conocido por su enfoque en el liderazgo y la gestión empresarial. En su libro "El CEO del Año "Álvaro Silva comparte Insights y estrategias sobre cómo los líderes pueden enfrentar los desafíos del mundo empresarial actual. Su obra se centra en la importancia de la innovación, la adaptabilidad y la toma de decisiones efectivas en el entorno corporativo. Además, suele abordar temas como la cultura organizacional y el desarrollo del talento humano.

Alvaro Silva
EL CEO DEL AÑO

¡Gracias por llegar hasta aquí!

Realmente aprecio tu viaje con "El CEO del Año".

Su apoyo significa mucho para mí. Si disfrutó leyendo el libro y encontró valiosas sus ideas, le agradecería que dejara una reseña. Sus comentarios no sólo me ayudan a mejorar, sino que también guían a los futuros lectores a tomar su decisión.

Dejar una reseña es sencillo y solo lleva unos minutos, pero su impacto es duradero.

¡Gracias una vez más por ser parte de este viaje!

Gracias por apoyar a "El CEO del Año".

¡Tu opinión importa!

www.ingramcontent.com/pod-product-compliance
Lightning Source LLC
Chambersburg PA
CBHW051530240526
45471CB00019B/569